Ich will KEINEN SCHNULLER mehr

NEUER FAVORIT VERLAG

„Uääh! Uääh!", schreit Emil. „Ich will **meinen SCHNULLER**!"

Eigentlich will Emil keinen Schnuller mehr – er ist doch schon groß.
Deshalb haben Anton und Klara ihrem kleinen Bruder gesagt,
dass er ihn zu Hause lassen soll. Aber jetzt weint Emil.

„Komm, Emil, du kannst mit uns Basketball spielen", sagt Anton.
„Wir zeigen dir, wie du den Korb triffst. Du schaffst das schon!"

2

Emil und Anton wollen eine riesengroße RITTERBURG aus Sand bauen. Drei Türme stehen schon.

Emil sieht, wie Sophie auf einen Turm zukrabbelt und ruft: „Nein, nicht kaputtmachen!" Schwups! Da fällt ihm auch schon der Schnuller aus dem Mund – und direkt in den Sand!

„Igitt!", sagt Anton. „Nimm ihn lieber nicht mehr in den Mund, sonst knirscht es zwischen deinen Zähnen!"

6

„MITTAGESSEN!", ruft Mama aus der Küche. Ruckzuck sitzen die Kinder am Tisch. Sie haben lange im Park gespielt und haben jetzt einen Riesenhunger.

Emil betrachtet seinen Schnuller. Er ist immer noch voller Sand.

„Deinen Schnuller kannst du später abwaschen, den brauchst du jetzt nicht", sagt Klara. „Es gibt Nudeln mit Tomatensoße – unser Lieblingsessen!"

7

8

In Mamas und Papas Schlafzimmer steht eine Kiste mit Sachen zum **VERKLEIDEN**. Es macht so viel Spaß, damit zu spielen!

Emil möchte sich als Superheld verkleiden und Anton hilft ihm dabei.

„Schau mal, Emil, mit dem Umhang und der Maske siehst du aus wie Superman!", sagt der große Bruder. „Aber nimm den Schnuller aus dem Mund. Oder hast du schon mal **Superman mit Schnuller** gesehen?"

„Brrr! Ist das kalt!" Klara hat vorsichtig einen Fuß ins Wasser gestreckt. Eigentlich wollte sie gleich hineinspringen, aber jetzt wartet sie lieber noch ein bisschen …

Emil möchte unbedingt schwimmen lernen: Dann könnte er mit seinem großen Bruder und Teddy um die Wette SCHWIMMEN!

„Willst du etwa mit dem Schnuller ins Wasser?", fragt Anton. „Damit kannst du doch gar nicht richtig atmen!" Aber Klara lacht: „Du siehst aus wie ein lustiger Schnullerfisch!"

11

Heute hatte Emil viel Spaß: Nach dem Schwimmen waren alle zusammen Eis essen und dann hat Klara mit ihm Karten gespielt.

Jetzt ist Emil sehr müde, aber er kann einfach nicht **EINSCHLAFEN**. „Mama! Ich will meinen Teddy!" Er überlegt kurz, dann ruft er etwas lauter: „Und meinen Schnuller!"

Mama bringt ihm beides. Dann gibt sie ihm einen Gutenachtkuss und sagt: „Schlaf gut und **träum was Schönes!**"

Auch in der **KINDERKRIPPE** braucht Emil für den Mittags-
schlaf seinen Teddy – und manchmal auch den Schnuller.
Einige der größeren Kinder haben keinen Schnuller mehr.

Emil möchte auch groß sein und versucht immer öfter,
ohne Schnuller einzuschlafen.

So wie heute: Nur ein klein wenig festhalten muss er ihn
und **fühlen**, dass er da ist …

Emil ist richtig **WÜTEND**. Er wollte mit Sophie einen Turm aus Bauklötzen bauen, aber sie dreht lieber die bunten Kugeln ihres Spielzeugs. Und Anton und Klara möchten in Ruhe Karten spielen.

„Das ist gemein!" ruft Emil. „Sophie darf immer einen Schnuller haben und ich nicht!"

„Sophie ist doch noch ein Baby", sagt Anton. „Große Kinder brauchen keinen Schnuller mehr. Und du bist doch **schon groß!**"

17

„Super! Das klappt ja schon prima, Emil!" Anton hat seinem kleinen Bruder gezeigt, wie man Dreirad fährt. Zuerst ist er den Flur entlang gefahren und dann sogar um die Ecke herum!

Emil freut sich. Er denkt daran, wo er überall hinfahren könnte: zum Spielplatz, zu Oma und Opa, zur Eisdiele, in den Zoo ...

Und TEDDY darf natürlich mitkommen!

Klara ist traurig. Sie sitzt auf ihrem Bett und weint. Emil möchte sie gerne **TRÖSTEN**.

"Hier, du kannst meinen Schnuller haben!" Er streckt ihn ihr entgegen.

"Danke, Emil, das ist lieb von dir", sagt Klara. "Aber der Schnuller hilft nur kleinen Kindern. Ich bin schon **zu groß** dafür!"

"Ach so", sagt Emil leise, "schade!"

Mama ist mit den Kindern zum **EINKAUFEN** in die Stadt gefahren.
Dort gibt es immer so viel zu sehen!

„Huii! Ein Flugzeug!" Emil deutet aufgeregt in das Schaufenster
des Spielzeugladens. „Das ist ein tolles Propellerflugzeug", sagt
Anton. „So eins hätte ich auch gerne!"

Mit offenem Mund stehen die beiden da und **staunen**
über den Propeller: Er dreht sich tatsächlich!

23

Emil ist **KRANK**. Er hat Fieber und es geht ihm gar nicht gut. Er will nicht spielen, er will nicht essen und er will auch kein Pflaster von Sophie.

„Ich will meinen Schnuller!", jammert Emil.

Klara muss erst eine Weile suchen. Denn Emil hat den Schnuller in letzter Zeit gar nicht mehr oft gebraucht.

Endlich findet sie ihn: Er war **unter dem Sofa!**

„Schau mal, Emil, auf dem Bild hat Anton einen Schnuller im Mund!"
Klara und Anton zeigen Emil FOTOS aus der Zeit, als sie noch klein
waren.

„Ich kann mich nicht mehr an meinen Schnuller erinnern", murmelt
Anton. „Aber ich!", ruft Klara. „Ich habe meinen immer unters
Wasser gehalten und dann daran genuckelt."

Jetzt fällt es auch Anton wieder ein: „Und ich wollte meinen
Schnuller nicht hergeben, bis ihn dann die Schnullerfee geholt hat!"

„Was macht die SCHNULLERFEE mit dem Schnuller?",
fragt Emil beim Puzzeln. Klara erklärt ihm, dass die Schnullerfee
alle eingesammelten Schnuller an neugeborene Babys weitergibt.

„Holt die Schnullerfee auch meinen Schnuller?" „Na klar", sagt Klara.
„Wenn du ihn heute Abend unter dein Kopfkissen legst, dann ist er
morgen früh weg. Stattdessen liegt ein kleines Geschenk darunter."

Emil muss sofort an das tolle Propellerflugzeug denken …

Klara und Anton spielen AFFENSCHAUKEL und schwingen von Ast zu Ast. Emil will auch mitspielen.

„Dafür bist du noch zu klein, Emil." Anton hüpft vom Ast herunter.

„Gar nicht wahr", sagt Emil. „Die Schnullerfee hat heute Nacht meinen Schnuller geholt!"

Er strahlt übers ganze Gesicht: „Ich bin jetzt auch groß!"

Hinweise für die Eltern

Bereits im Mutterleib (ab dem 5. Schwangerschaftsmonat) lutschen ungeborene Babys an ihren Fingern und am Daumen. Einerseits dient dies der Entspannung, andererseits bereitet sich das Ungeborene damit auf die Nahrungsaufnahme vor. Dieses Bedürfnis bleibt besonders in den ersten Lebensmonaten in ausgeprägter Form bestehen. Ab einem Alter von 2 Jahren findet das Kind mit der Entdeckung seiner Umwelt neue Wege, um mit Aufregung, Unsicherheit oder Angst umzugehen. In dieser Zeit kann damit begonnen werden, das Kind vom Schnuller zu entwöhnen. Man sollte aber nicht zu früh damit beginnen, sondern mit viel Einfühlungsvermögen den richtigen Zeitpunkt finden. Die folgenden Überlegungen können dabei hilfreich sein:

✘ Kann Ihr Kind eine Zeit lang alleine spielen?
✘ Kommt Ihr Kind für eine Weile auch ohne eine erwachsene Bezugsperson zurecht?
✘ Versteht Ihr Kind, wenn man ihm etwas auf einfache Weise erklärt?

Bevor es losgeht

Die Entwöhnung vom Schnuller ist zwar mühsam, bringt jedoch gesundheitliche sowie emotionale Verbesserungen mit sich.

Es ist wichtig, für die Entwöhnung vom Schnuller für Eltern und Kind den richtigen Moment zu finden. Vielleicht ist eine entspannte Zeit während der Ferien passend. Ein eventuelles Schlafdefizit aufgrund von Einschlaf- oder Durchschlafproblemen lässt sich dann besser verkraften bzw. nachholen. Phasen der Veränderung für das Kind (z. B. Eingewöhnung in der Kinderkrippe oder im Kindergarten, Umzug oder Ankunft eines Geschwisterkindes) eignen sich nicht zur Entwöhnung.

Wenn Sie den richtigen Zeitpunkt gefunden haben, sollten Sie konsequent sein. Bereiten Sie sich auf massiven Widerstand Ihres Kindes vor und geben Sie möglichst nicht nach. Informieren Sie die Erzieher in der Kinderkrippe bzw. im Kindergarten und arbeiten Sie hierbei mit ihnen zusammen.

Manche Eltern bevorzugen eine plötzliche Entwöhnung vom Schnuller. Empfehlenswert ist jedoch ein schrittweises Vorgehen: Zunächst verzichtet das Kind tagsüber für immer längere Zeiträume auf den Schnuller. Wenn es sich daran gewöhnt hat, den ganzen Tag über ohne Schnuller auszukommen, beginnen Sie mit der Entwöhnung in der Nacht.

Keinesfalls sollten Sie Ihr Kind belächeln oder gar bestrafen, wenn es ihm schwerfällt, ohne Schnuller auszukommen. Das schädigt sein Selbstwertgefühl und wirkt dem Erfolg des gesamten Vorhabens entgegen! In dieser Phase sind Sicherheit und Ruhe besonders wichtig. Loben Sie Ihr Kind für erste Erfolge und ermuntern Sie es, wenn diese ausbleiben. Sprechen Sie mit Ihrem Kind, bevor Sie mit der Entwöhnung beginnen und sagen Sie ihm, dass es jetzt schon fast ein großes Kind sei und große Kinder keinen Schnuller brauchen. Unterstützen Sie das Kind in seinem Wunsch, groß zu werden.

Bemühen Sie sich während der Entwöhnung um einen besonders liebevollen und verständnisvollen Umgang mit Ihrem Kind und zeigen Sie ihm Ihre Zuneigung besonders oft und deutlich.

Das Nuckeln am Schnuller hat eine schmerzlindernde Wirkung. Ist Ihr Kind krank oder muss es sich sogar einer Operation unterziehen, kann ein Schnuller zur Beruhigung und Entspannung beitragen. In solchen Situationen sollte Ihr Kind nicht auf den Schnuller verzichten müssen.

Methoden

✘ Erklären Sie Ihrem Kind, dass es nun groß ist und den Schnuller abgeben sollte.

✘ Achten Sie auf die Reaktionen Ihres Kindes und respektieren Sie diese. Es ist wichtig, dass Ihr Kind auf Ihr Verständnis vertrauen kann.

✘ Gehen Sie schrittweise vor: Zunächst sollte für immer längere Zeiträume am Tag auf den Schnuller verzichtet werden. Wenn es tagsüber auch ohne geht, kann mit der Entwöhnung in der Nacht begonnen werden. Ist Ihr Kind eingeschlafen, können Sie ihm den Schnuller vorsichtig aus dem Mund nehmen.

✘ Vergessen Sie nicht, dass jedes Kind sein eigenes Tempo hat. Seien Sie geduldig und vergleichen Sie Ihr Kind nicht mit anderen Kindern oder mit den Geschwistern.

✘ Sorgen Sie tagsüber für Ablenkung, insbesondere für die Hände. Manche Kinder benutzen den Schnuller aus Langeweile.

✘ Lassen Sie den Schnuller während der Entwöhnungsphase nicht sichtbar herumliegen. Wählen Sie einen geeigneten Aufbewahrungsort, den Sie Ihrem Kind mitteilen.

✘ Loben Sie Ihr Kind für Fortschritte und Erfolge.

✘ Schaffen Sie Rituale, die vor dem Zubettgehen für angenehme Ruhe und Entspannung sorgen und den Gebrauch des Schnullers ersetzen können (z. B. ruhige Musik, Schlaflieder, eine Geschichte, beruhigendes Spielen mit Stofftieren oder eine Massage).

Körperliche Folgen, wenn der Schnuller zu lange benutzt wird

Wenn die Entwöhnung bis zu einem Alter von 4 Jahren noch nicht gelungen ist, sollten Sie mit einem Fachmann sprechen, um eventuelle Fehlbildungen von Gaumen und Gebiss zu verhindern. Sollte der Schnuller zu lange benutzt werden, kann dies einen offenen Biss (eine Öffnung zwischen oberer und unterer Zahnreihe bei geschlossenem Mund) zur Folge haben. Fehlbildungen des Gebisses können wiederum Schwierigkeiten bei der Aussprache nach sich ziehen.

Erstveröffentlichung unter dem Titel
„ADÉU XUMET "

© Gemser Publications S.L., 2013
El Castell, 38; Teià (08329) Barcelona, Spanien
(weltweite Rechte)
info@mercedesros.com
www.mercedesros.com
Tel.: 9 35 40 13 53
Autoren: Mercè Seix und Meritxell Noguera
Illustrator: Rocio Bonilla
Umschlaggestaltung: design cat GmbH

Genehmigte Lizenzausgabe
NEUER FAVORIT VERLAG GmbH
Fränkisch-Crumbach 2013
www.neuer-favorit-verlag.de

ISBN 978-3-8494-7012-8

Bildnachweis:
Shutterstock: pun photo Cover front, Cover back